LEAN ANALYTICS

Enfócate en Datos que Realmente Importen para Tu Empresa

Harry Altman

© Copyright 2017 Harry Altman - Todos los derechos reservados.

Si quisieras compartir este libro con otra persona, por favor compra una copia adicional para cada receptor. Gracias por respetar el arduo trabajo de este autor. De lo contrario, la transmisión, duplicación o reproducción de la siguiente obra, incluyendo información específica, se considerará un acto ilegal, independientemente de si se realiza electrónicamente o por impreso. Esto se extiende a crear una copia secundaria o terciara de la obra o una copia grabada, y sólo se permite bajo consentimiento expreso por escrito de parte del Publicador. Todo derecho adicional reservado.

TABLE OF CONTENTS

INTRODUCCIÓN 5

CAPÍTULO 1 7

UTILIZACIÓN DE LEAN 7

CAPÍTULO 2 12

ANÁLISIS DE LA FUERZA DE TRABAJO 12

CAPÍTULO 3 23

PENSAMIENTO LEAN PARA EMPRENDEDORES
.... 23

CAPÍTULO 4 26

CÓMO PUEDEN USARSE LOS DATOS ANALÍTICOS COMO HERRAMIENTAS DE INTELIGENCIA EMPRESARIAL, ESPECIALMENTE EN EL ÁREA DE LA GESTIÓN DE SERVICIOS 26

CAPÍTULO 5 36

GESTIÓN LEAN EN LA OFICINA 36

CAPÍTULO 6 42

SACA LO MEJOR DE LAS HERRAMIENTAS DE LA MANAUFACTURA ESBELTA 42

CAPÍTULO 7 67

IMPLEMENTAR LEAN ANALYTICS DE FORMA EFECTIVA EN TU ORGANIZACIÓN 67

CAPÍTULO 8 77

LA RAZÓN POR LA QUE EL SECTOR PÚBLICO DEBERÍA INVERTIR EN EL ENTRENAMIENTO DE LEAN 77

CAPÍTULO 9 81

LECCIONES PARA MEJORAR TU PROBABILIDAD DE ÉXITO CON LEAN 81

CONCLUSIÓN 88

INTRODUCCIÓN

Lean Analytics (que podría traducirse literalmente como "Analítica Esbelta")es un estilo de pensamiento acerca de cómo deberías llevar tu empresa- no una herramienta. La perspectiva lean se enfoca en el cliente y en lo que el cliente siente que es el "valor" (no lo que la compañía que suministra el servicio o producto siente que es el valor).

Una vez que esto se hace y se ha identificado lo que es de valor y lo que no es de valor en todo el sistema, el siguiente paso es entender cómo remover lo que no es de valor de manera apropiada para hacer que tus servicios o actividades de producción fluyan hacia el cliente.

Hacerlo de manera adecuada es la clave. Necesitas un plan de implementación detallado que te lleve hacia el estado futuro e identifique las herramientas requeridas, dónde se requieren, cuándo se requieren y quién es el responsable de aplicar estas herramientas y hacer la transformación del estado actual al estado futuro.

Sin este plan, las compañías terminarán haciendo mejoras "puntuales" y del mismo modo terminarán creando lo que podemos llamar "caos excitante".

La meta final es mejorar tus finanzas y la satisfacción del cliente al incrementar la respuesta al cliente, mientras que al mismo tiempo se reducen los costos y se incrementa la calidad.

CAPÍTULO 1

UTILIZACIÓN DE LEAN

Tradicionalmente la Metodología Lean es prescriptiva. Por lo tanto empieza muchas veces con una introspección del estado actual, usualmente por la visita de un experto en Lean seguido por una carga de herramientas prescriptivas, técnicas, cosas que hacer que llegan como una descarga al equipo del personal directivo de parte del experto.

Citaría ejemplos de parte de sus competidores y otras organizaciones en las que las herramientas lean le sugerían haber mejorado sus tiempos de entrega, reducido los defectos y el inventario y finalmente aumentado la rentabilidad. Pronto la directiva se compromete a desplegar el desarrollo Lean a lo largo de la organización.

Todo esto va bien hasta que alguien pregunta por el ROI (siglas de Return On Investment o "Retorno De Inversión"). Una vez que has iniciado el desarrollo lean a lo largo de la organización sin decidir el propósito clave, es bastante difícil descontinuarlo o si quiera gestionarlo para los resultados. Debido a su naturaleza prescriptiva, varias técnicas lean se vuelven rituales corporativos. Entonces sólo se hacen para mantener feliz al jefe.

Entonces, es mejor restringir el Desarrollo Lean a dónde tenga sentido para la empresa. El derrame cultural que la mayoría de los expertos venden no ayuda si la empresa no ve el valor. En otras palabras, ¡hay que hacerlo donde la empresa más se beneficie! He visto casos dónde era parte de la corporación y se implementaba en áreas dónde no era necesitado para nada. Probablemente lo que se necesitaba en esas áreas era disciplina básica y orientación de procesos como 5S que es la herramienta Lean más usada.

Si entiendes 5S estarás de acuerdo conmigo en que es un discípulo de usar el sentido común continuamente. Implementar 5S sin dudas es el primer paso del desarrollo lean, ¡pero muchas organizaciones lo detienen! Aquí hay un enfoque sencillo para ayudar a los líderes de las organizaciones a decidir dónde implementar el desarrollo lean:

1. Ten claridad en las estrategias de 3 a 5 años de la organización (o tus entidades de Ingresos y Egresos) son áreas clave que cuando se logren ayudarán a la organización a lograr su misión y visión

2. Averigua si hay un plan de acción para ejecutar cada una de las estrategias, aquí es donde la mayoría de las organizaciones carecen de claridad.

Las estrategias son de alto nivel y la mayoría de las organizaciones experimentan con alguna u otra para hacerlo funcionar en lugar de adoptar un enfoque estructurado.

No nos estamos desviando, sino que más bien estamos averiguando en dónde sería efectivo y útil.

3. Realiza un análisis profundo (cómo un análisis de causa raíz) Por ejemplo, si la estrategia es para "Incrementar la penetración de nuestros productos en el segmento pequeño y medio de la empresa", entonces colecta datos de nuestra penetración actual y de la penetración de la competencia, el esparcimiento demográfico por tipo de industria, el volumen de negocios, cúmulos, desempeño histórico, etc.

Usa estos datos para identificar 3 o 4 puntos clave para enfocarte.

4. Ve si alguno de los puntos clave puede ser mejorado usando el desarrollo lean. En nuestro ejemplo, si identificamos que nuestro mecanismo de documentación y entrega es más complejo que el de la competencia y si este es uno de los disuasivos para los nuevos clientes, entonces puedes usar Lean para eliminar el desperdicio en documentos, simplificar el proceso, eliminar los tiempos de espera y mejorar el proceso de entrega. Probablemente al hacerlo habrías establecido 5S, el flujo de una sola pieza, la necesidad de líneas dedicadas, personal multidisciplinario selecto, etc.

Esto podría verse como un enfoque poco sistemático, pero no lo es. Es una manera de priorizar el mapa vial del desarrollo lean para tu organización entera. Cuando este ciclo se repite a lo largo de varias dependencias, la mayoría de la organización sería cubierta por el desarrollo lean puesto que mucho de lo que estaremos haciendo será de extremo a extremo (end-to-end) y no funcional.

Conocido simplemente como Neil, Nilakantasrinivasan ayuda a las organizaciones a llevar una experiencia superior al cliente, transformar empresas y ejecutar la estrategia empresarial.

- Retener sus clientes y pasarlos a la banda de lealtad

- Mejorar la conversión de ventas e incrementar el gasto del consumidor

- Ejecutar la estrategia empresarial a lo largo de la empresa usando Hoshin Kanri

- Mejorar la rentabilidad usando lean six sigma y TOC

Debido a su diversa experiencia entrenando a lo largo de los continentes, Neil dirige personalmente a Empresas de Cinturón Negro, Cinturón Negro Maestro, y a pequeñas y medianas.

CAPÍTULO 2

ANÁLISIS DE LA FUERZA DE TRABAJO

La mayoría de las compañías pasan grandes cantidades de tiempo evaluando el desempeño de sus inversiones en áreas tales como I+D, equipo capital e inclusive en ventas y mercadeo, pero nunca analizan las inversiones en lo que probablemente es su mayor área de gastos: el capital humano.

Para empresas de servicios, este puede comprender del 85 al 90 por ciento de los costos totales, e inclusive para empresas de manufactura, los costos de capital humano a menudo son el doble de altos que el de otros costos capitales.

En los últimos años las estrategias han sido alteradas pues las compañías luchan para sobrevivir la recesión, puesto que muchas han sido forzadas a reevaluar lo básico para permanecer lean y un paso delante de su competencia.

La percepción del costo ha sido una táctica de supervivencia principal. En ese tipo de ambiente, ¿tu organización puede permitirse no prestar atención a los costos del capital humano? El problema ya no es enfocarse en el retorno de inversión en el capital humano; es cómo medirlo.

Tradicionalmente, las decisiones relacionadas a la fuerza de trabajo han sido subjetivas y han estado poco involucradas en TI. La falta del acceso sencillo a los datos, combinada con la falta de recursos analíticos internos se vuelve una barrera para la toma de decisiones más objetiva en la planificación y gestión de la fuerza de trabajo. Con más organizaciones sintiendo la necesidad creciente de cuantificar los costos y beneficios de la fuerza de trabajo e integrar las iniciativas de la fuerza de trabajo a su proceso de planificación financiar general, muchas organización están prestando más atención a este tipo de analíticas de trabajo.

Cualquier organización, sin importar el tamaño, que concuerde con alguna de estas afirmaciones podría beneficiarse de tomar un enfoque basado en analíticas y datos para su estrategia con el capital humano:

- Los gastos de contrato están incrementándose debido al degaste incrementado o no anticipado del empleado.

- A pesar de que la facturación del empleado parece ser baja, las personas que se van son un gran talento.

- Las estrategias de retención de Paraguas están en su lugar pero no están generando los resultados deseados.

- Se hacen desembolsos sustanciales para el entrenamiento, pero la gerencia no está segura de en qué áreas enfocarse.

- El presupuesto de contrato está a lo largo de varios canales y proveedores- pero la gerencia no está segura de cuáles son rentables.

- Los centros de operaciones se esfuerzan por contratar a un nivel óptimo para cumplir con los compromisos del servicio-nivel.

La gestión del desempeño y del talento podría beneficiarse a partir de la objetividad en el proceso.

El objetivo final es sincronizar la estrategia del capital humano con la estrategia empresarial.

1. ORGANIZAR, ESTRUCTURAR, ANALIZAR Y OPTIMIZAR

Iniciar es a menudo la parte más desalentadora. El primer paso es identificar todos los datos relevantes. Una progresión típica es: organizar, estructurar, analizar y optimizar.

Muchas organizaciones se encuentran a sí mismas con datos de empleados, datos de contratación, datos de compensación, datos de entrenamiento y datos del centro de contacto en plataformas aisladas e incompatibles. El viaje hacia la toma de decisiones en base a datos en la gestión de la fuerza de trabajo empieza con organizar las fuentes de datos en almacenes de datos accesibles y mercados de datos.

Esto es seguido con la estructuración de la información alrededor de los parámetros establecidos y los indicadores de desempeño claves que ayudan a brindar conocimiento del pulso del RH de la organización.

Una vista instantánea de los parámetros medidos frente a las referencias de la industria puede identificar áreas de mejora, mientras que rastreas las tendencias a lo largo del tiempo muestra una advertencia temprana de las áreas de problemas.

Por ejemplo, si las tendencias muestran bajas tazas de desgaste por temporadas en torno a la temporada de vacaciones, un pico súbito en los meses de Noviembre/Diciembre debería desencadenar la futura consideración del asunto. Rastrear tales tendencias también ayuda a abordar los problemas de manera proactiva- si las tendencias estacionales muestran mayor desgaste durante ciertos períodos, los recursos humanos pueden planear con antelación y mejorar los esfuerzos de retención y reclutamiento en los meses previos.

Una interfaz con los KPIs de una organización es una manera excelente de mantener una buena revisión de la fuerza de trabajo y del desempeño del RH de la organización. Esos KPIs deberían estar relacionados con las mayores funciones del RH, tales como dotación de recursos, compensación y beneficios, soporte de operaciones y negocios.

2. EL ANÁLISIS DEL CLIENTE IGUALA EL ANÁLISIS DE LA FUERZA DE TRABAJO

Las brechas de rendimiento identificadas por medio del reporte regular de tales parámetros o de la desviación de tendencias pasadas a menudo desencadena la necesidad de análisis más avanzado y sofisticado. Los avances hechos en el modelado estadístico y econométrico y la optimización las áreas de mercadeo, riesgo de crédito y finanzas pueden ser fácilmente adoptados y aplicados para modelar los problemas de la fuerza de trabajo.

Es apropiado considerar a un empleado como un cliente en un ambiente interno. Por lo tanto, todas las analíticas que aplican al ciclo de vida del cliente pueden ser fácilmente aplicadas al ciclo de vida de un empleado- desde la adquisición hasta el crecimiento, retención, hasta el post-desgaste o hasta la readqusición.

Considera el crecimiento como un ejemplo. Para un cliente, esto implicaría analíticas de monitoreo de cuentas tales como valor de la probabilidad de compra, fijación de precios en base a los riesgos, y modelos de comportamiento de puntaje.

Los paralelismos para un empleado serían los puntajes de sucesión-disposición, modelos de compensación óptimos, y modelos de puntaje de compromiso. A menudo el puntaje del empleado y los modelos analíticos resultan ser mucho más robustas que sus contrapartes con los clientes debido a la riqueza y autenticidad de los datos que se recolectan dentro.

3. CALCULA LOS BENEFICIOS DE PROGRAMAS DE RH

Analizar la información ayuda a identificar puntos clave que cuando se actúa sobre ellos llevan a estrategias optimizadas para la fuerza de trabajo.

Cada vez más, como parte del equipo de aprendizaje y desarrollo dentro de una organización de RH, uno gasta $20millones anualmente en 250 cursos diferentes de entrenamiento, una evaluación de estos cursos respecto a su impacto en la productividad o beneficios de conformidad puede ayudar a ordenar de acuerdo a la importancia los programas de entrenamiento en términos de la eficacia y determinar las frecuencias de clases requeridas.

El análisis ulterior puede brindar información acerca del número mínimo de participantes requeridos por clase de entrenamiento para alcanzar el equilibrio, el entrenamiento mezclado necesita de entrenadores para maximizar la utilización de recursos, la efectividad del instructor- líder versus el entrenamiento Web, y la eficiencia de costos del entrenamiento interno versus el entrenamiento externalizado. Se sacan inferencias de cualquiera de los anteriores, si se implementan resultan en un impacto directo y sustancial en los resultados.

A modo de ejemplo, un fabricante y minorista bien conocido de computadoras fue capaz de aumentar las ventas por tienda más del 15 porciento simplemente al optimizar su programa de entrenamiento usando análisis de percepción en torno al aumento de productividad.

4. EQUILIBRAR LOS DATOS "DUROS" Y "BLANDOS" PARA UNA MEJOR TOMA DE DECISIONES

Un conjunto serio de objeciones a la filosofía de la toma de decisiones objetiva en la gestión de la fuerza de trabajo hace énfasis en la percepción de los problemas del empleado que nunca pueden ser captados a través de datos duros.

Esta es una preocupación válida, y la analítica de la fuerza de trabajo no tiene que ver con los problemas menores en torno a los sentimientos, aspiraciones y motivación del empleado. En su lugar, brinda personal de RH que tratan con los problemas del día a día del empleado con un conjunto de herramientas impulsadas por datos que puedan apoyar la toma de decisiones. Un modelo de retención- puntaje, por ejemplo, puede identificar la lista de empleados que tienen el mayor riesgo de dejar la organización, así como también los factores principales que están impulsando dicho comportamiento de alto riesgo.

Dos empleados pueden terminar con el mismo puntaje bajo que los clasifica dentro del alto riesgo, pero para uno de ellos, el factor más significativo podría ser la falta de crecimiento potencial, mientras que para el otro podría ser un equilibrio trabajo-vida. El conocimiento de las causas específicas puede hacer que las acciones de retención sean más oportunas y poderosas.

A fin de cuentas, el personal de RH puede trabajar entonces para implementar estrategias de retención más centradas y accionables, que son más afectivas que los métodos tradicionales y pueden ahorrarle potencialmente millones de dólares a la compañía que podrían haber gastado en estrategias paraguas de retención.

Es la combinación de lo subjetivo y lo objetivo lo que hace a la estrategia y su implementación exitosas.

Los costos del volumen de negocios de alto desempeño para una compañía entre las 500 de Fortune pueden llegar a varios millones anualmente una vez que se incluyen los costos de pérdidas de productividad, tiempo de entrenamiento y de reclutamiento.

Para una organización con 3000 empleados y un salario promedio de $45.000, inclusive un incremento del uno porciento en la tasa de retención por medio de la implementación de estas estrategias accionables a nivel de empleados se traducirían en ahorros de más de $1,3 millones anualmente.

5. TRANSFORMAR EL CAPITAL HUMANO EN UNA FUNTE DE VENTAJA COMPETITIVA

De acuerdo a una investigación reciente, las empresas que implementan estrategias analíticamente hacia los empleados experimentan 22,1 porciento de mayor crecimiento de ganancias, 23,3 porciento de aumento de ingresos y 66,8 porciento de reducción en rotación, cuando se las compara con compañías que no usaron prácticas similares.

Las estrategias optimizadas de capital humano fundamentadas en analíticas fuertes de la fuerza de trabajo muestran resultados positivos en las finanzas y la lealtad del cliente.

Las organizaciones que son capaces de integrar las analíticas a su planificación y gestión de fuerza de trabajo serán las que capitalizarán sus activos de capital humano como la fuente de su ventaja competitiva.

CAPÍTULO 3

PENSAMIENTO LEAN PARA EMPRENDEDORES

Cuando aspiras a mejorar la manera en que haces las cosas- para hacerte más eficiente- toma una lección del método Japonés inspirado del "Pensamiento Lean". Hay muchas lecciones que podemos sacar del Pensamiento Lean, el cual ahora es practicado por muchas grandes organizaciones alrededor del mundo. La técnica que vamos a ver aquí es PHRA- Planear, Hacer, Revisar y Actuar (PDCA en inglés por: Plan, Do, Check and Act.)

Esta técnica no es "una revisión única"- te ayudará a mejorar continuamente tu desempeño, ¡empezando desde hoy!

Veamos los pasos en orden lógico:

1. PLANEAR

    - Define el inconveniente/problema que abordarás

- Entiende la causa raíz del problema- ¿Por qué está sucediendo?

- Desarrolla en detalle lo que tiene que hacerse

- Prioridades, para asegurarse de que haces lo correcto en el momento correcto

2. HACER

- Hazlo!- implementa tu solución al problema.

- Podrías hacer una prueba primero o un piloto o simplemente debes "ir por ello."

3. REVISAR

Este es un paso verdaderamente crucial en el PDCA. Revisa los resultados de tus acciones. ¿Estás obteniendo los resultados que esperabas? De no ser así, ¿Por qué no? ¿Qué más puedes hacer?

Si estás en línea, puedes usar Google Analytics para medir tu desempeño.

4. ACTUAR

- Reflexiona sobre lo que has aprendido en el paso de "REVISAR".

- Entiende lo que hay que hacer de manera diferente.

- Actúa en base a los hallazgos

Y el ciclo empieza de nuevo- Planear (en base a tu aprendizaje previo), Hacer, Revisar y Actuar.

Esta es la técnica que te ayudará a mejorar continuamente- piensa en PHRA:

Planéalo, Hazlo, Revísalo, y Actúa en base a tu Aprendizaje.

CAPÍTULO 4

CÓMO PUEDEN USARSE LOS DATOS ANALÍTICOS COMO HERRAMIENTAS DE INTELIGENCIA EMPRESARIAL, ESPECIALMENTE EN EL ÁREA DE LA GESTIÓN DE SERVICIOS

El área de la gestión de servicios está ampliamente apoyada por datos analíticos. Los datos que pueden venir como parámetros clave, indicadores de desempeño y el análisis en la forma de interfaces, gráficos y cuadros es inteligencia empresarial esencial para lograr mejorar la productividad y la entrega del servicio.

1. Las interfaces de supervisión son esenciales.

Los supervisores deberían ser capaces de ver datos e información relevante diariamente, de modo que puedan rastrear y monitorear el desempeño y el progreso de los trabajos.

Estos datos les permitirán tomar mejores decisiones empresariales para mejorar los servicios y gestionar su trabajo más eficientemente.

El software para la gestión del área de servicios usará una combinación de interfaces tales como:

Interfaces de Tareas- Las acciones del día pueden ser resaltadas en una Interfaz de Tareas, la cual puede detallar citas que son requeridas, tales como marcar citas secundarias y cualquier acción consiguiente que resulte de emergencias fuera de las horas de trabajo.

La Interfaz de Tareas podría también resaltar cualquier material especial que tenga que ser ordenado, alertando al trabajador del campo relevante ante un trabajo por venir.

Interfaces de Supervisor- Estas permiten al equipo ver la rentabilidad proyectada y reciente por equipo y recurso, con una función de desglose para trabajos específicos.

También se les permite a los supervisores monitorear la capacidad de organización proyectada y reciente, así como también analizar las implicaciones de costos si el tiempo no es completado efectivamente.

2. Soporte de más largo plazo

También se pueden brindar datos para apoyar las decisiones de la empresa que tendrán efecto a más largo plazo, tales como el monitoreo del desempeño general de equipos parte de un impulso a la eficiencia, o un análisis de costos para revisar el desempeño específico de una sección de una empresa.

Tales datos pueden ser usados por los equipos de desarrollo y la junta para penetrar realmente en el desempeño de la compañía y hacer mejoras.

El tipo de analítica puede incluir la cantidad de trabajos, trabajos en objetivo, escalas de tiempo, trabajos por semana/mes y datos de la satisfacción de los clientes, por ejemplo. Este nivel de detalle puede apoyar la gestión de servicios puesto que brinda datos analíticos día a día para llevar a mejoras a largo plazo.

El software de gestión de servicios debería ser capaz de producir reportes KPI estándar, tales como:

- Conteo de trabajos por sitio
- Compleciones a tiempo
- Citas creadas
- Citas y tasas de arreglo

- Retiradas

- Costo promedio

- Tiempo promedio de compleción de reparación

- Fechas objetivo de trabajos en progreso

- Tasa de arreglo de trabajos

Estos tipos de reportes permitirán a una empresa monitorear y reaccionar a presiones dentro de su negocio para maximizar los niveles de capacidad, productividad, y entrega de servicios.

Entonces, los datos analíticos pueden usarse dentro de las herramientas de inteligencia empresarial y para monitorear el rendimiento e informar de mejoras a lo largo de cualquier empresa. En la era moderna, y con nuestro conocimiento actual de la economía, tales datos son esenciales puesto que brindan la información requerida para mantener a cualquier empresa Lean, ágil y en un desempeño óptimo.

ESTRATEGIAS LEAN PARA EMPRESAS

La iniciativa personal de todo el mundo es querida para ellos mismos. Del mismo modo, la empresa de todo emprendedor es de mucho aprecio para él/ella. Siempre siguen pensando en ideas que desarrollarían su empresa, ampliarían su mercado de producto, incrementarían su base de clientes, y convertirían a los clientes en clientes leales.

Estos emprendedores pasan día y noche para mejorar su alcance. Sin embargo, sólo unos pocos de ellos realmente son capaces de lograr el éxito deseado. Leer esto no te debería atemorizar puesto que aquí vamos a confiarte algunas pautas. Aprende estrategias para tu empresa y ve a tu empresa elevarse más alto que otras:

1.   Estrategia. Planificación.

La supervivencia de una empresa también puede sobrepasar el límite de edad máxima de una persona. Siendo la empresa una mera actividad, puede ser manejada por su miembro fundador y luego por sus herederos. Pero, uno de los aspectos más fuertes que tiene que ser puesto en evaluación es la estrategia y planificación. Esto significa tanto los planes de crecimiento a corto plazo como a largo plazo.

Estos podrían ser la fuerza motriz o el motivador tras el trabajo de cada hora. Si las metas de un emprendedor son razonablemente altas con el marco de tiempo fijado, entonces puede estar decentemente motivado hacia el logro de su plan.

La estrategia viene después, luego de la planificación. O puede ir con la última de la mano. Mientras se piensa en una estrategia, la viabilidad del plan es revelada. Si el plan es lograble, entonces las estrategias serían factibles.

La estrategia establece el conjunto de instrucciones que deberían estar listas para ser implementadas, para lograr la meta impuesta. Siendo la parte más integral, tiene que prestársele más atención.

2. Innovación. Ingeniería Global.

La estrategia de operaciones, la gestión del ciclo de vida del producto, el inventario, las ventas y la planificación y presupuesto de operaciones son lo que comprende la estrategia y planificación. Luego de ello viene la innovación.

Un plan hecho con estrategia puede obtener la mejor dirección si es realizado con tecnología de punta.

Es decir, si algo innovador puede añadirse al plan le da la ventaja de la ganancia máxima a la empresa. Se podrían buscar compañías de transferencia de ingeniería después del desarrollo de la empresa.

3.   Tecnología. Soluciones.

La planificación de la plataforma tecnológica, los procesos de ingeniería, y las estandarizaciones de herramientas es de lo que trataba el punto previo. Esta categoría trata con toda la infraestructura, sistemas y los datos y analíticas. Las compañías de externalización de ingeniería llegan al rescate también aquí.

4.   Mercadeo Digital. E-commerce.

Como las palabras breves que suenan, son igualmente vastos cuando se trata de su aplicación. En los momentos en los que las personas duermen y se levantan con notificaciones de sus cuentas varias en las redes sociales, el mercadeo digital ayuda a esparcir la palabra acerca del compromiso de la empresa a un bajo costo. Si la empresa tiene un sitio web, disfruta de más reputación de la que solía tener antes.

5.   RH. Gestión Interina

La gestión y reclutamiento de talento caen bajo la división de recursos humanos, con políticas y procedimientos de gestión en la última.

6.   Mejora del Desempeño.

Finalmente, el crecimiento financiero es lo que se calcula como resultado de todas las estrategias anteriores. Se aspira entonces a ganancia para la próxima dependencia. Si quieres ver que tu empresa alcance nuevos picos cada año financiero, debes aprender de manera dedicada estrategias para la empresa.

INTELIGENCIA ARTIFICIAL VS INTELIGENCIA HUMANA

Hoy en día, muchas compañías prefieren analizar la situación de sus empresas a través de la inteligencia artificial en lugar de la inteligencia humana sola. A pesar de que se debate mucho acerca de si trabajar con la inteligencia artificial junto con la inteligencia humana es mejor que trabajar con la inteligencia humana sola o no, lentamente estamos avanzando hacia una era en la que la inteligencia humana está quedando en segunda fila.

Ahora, ¿qué es exactamente la inteligencia artificial? La inteligencia artificial consiste en crear entidades inteligentes por medio de computadoras con la colaboración de la inteligencia humana.

Ayuda a la compañía a entender la inteligencia humana mejor y puede usarse para probar teorías de la inteligencia humana al escribir programas que puedan imitar a la misma. La inteligencia Artificial está siendo ampliamente usada en sectores como la Banca, Salud, Comercio del Mercado de Valores, Control Robótico y por Compañías de Telecomunicación.

La Inteligencia Artificial está cambiando lentamente la manera en que las personas piensan y actúan y está llevando nuestra mente al siguiente nivel. Hoy en día, la mayoría de los establecimientos de alta seguridad dependen del reconocimiento facial, de huellas digitales o escaneo de retina para desbloquear las puertas para asegurar cámaras o inclusive computadoras antes que la introducción manual de una clave.

Se estima que muy pronto pasaremos de escribir claves para desbloquear nuestras computadoras personales y en su lugar usaremos un escáner de reconocimiento facial en casa.

Por lo tanto, en resumen, a pesar de que en general aún dependemos de la IH para el progreso económico y social, esta dependencia está declinando, sin embargo, de manera constante y con cada día que pasa estamos aprendiendo más acerca de la inteligencia artificial no sólo a un nivel macro para ayudar a desarrollarnos social y económicamente, sin que también a nivel micro para ayudarnos con nuestros deberes y tareas diarias.

CAPÍTULO 5

GESTIÓN LEAN EN LA OFICINA

Las tecnologías de producción lean han ayudado a llevar una revolución de productividad a las empresas de manufactura. La metodología analítica básica de DMAMC (Definir, Medir, Analizar, Mejorar y Controlar) o DMAIC por sus siglas en inglés, ha demostrado ser versátil en su aplicación a un amplio rango de problemas de ingeniería.

Más recientemente, las herramientas y conceptos de Six Sigma han sido sistemáticamente aplicados a una amplia variedad campos de servicios a interfaces de clientes en sectores públicos y privados. Hay una analogía natural entre el piso de una fábrica y un moderno centro del llamadas o un hospital- todos involucran procesos estables y repetitivos diseñados para entregar resultados especificados al cliente.

Incluso cuando se aplican mal, por ejemplo, para justificar un proyecto favorito preexistente, la naturaleza rigurosa del enfoque analítico difícilmente puede fallar en producir alguna mejora.

El progreso tradicionalmente se detiene más allá de las raíces manufactureras. En roles creativos y profesionales de gama alta, los procesos tradicionalmente más específicos y menos cuantificables.

¿Cómo pueden aplicarse las filosofías de producción lean a este tipo de ambiente discontinuo, no repetitivo y sofisticado? En resumen, ¿cómo pueden ser aplicados los conceptos lean a una firma legal, o en el departamento de finanzas, o en las industrias creativas? Este capítulo ofrece algunas ideas.

1. Flujo

El concepto lean fundamental es el del flujo- la progresión continua e ininterrumpida de un producto a lo largo de una línea de manufactura. El mismo concepto de flujo puede aplicarse al desarrollo de ideas, al trabajo basado en el proyecto, los tratos corporativos financieros o cualquier conjunto en el que la inteligencia sea aplicada progresivamente para lograr un resultado.

Aquí, inclusive la adopción parcial de técnicas lean puede producir dividendos sustanciales.

Puedes empezar al procesar el mapa de tu proyecto o el flujo de trabajo diario. La meta principal aquí es identificar retrasos u obstáculos que puedan frenar tu productividad. En una fábrica, los cuellos de botella o restricciones se identifican y luego el resultado es optimizado al subordinar la producción hasta el nivel del cuello de botella.

Esto evita el acumulamiento infructuoso de inventario antes de la dificultad. Luego la barrera puede ser sistemáticamente removida para aumentar la capacidad productiva del sistema entero.

Piensa en los cuellos de botella y las dificultades de tu organización. ¿Qué dependencias existen en el camino crítico- asegurar la aprobación del presupuesto o la aprobación interna, necesidades de entrenamiento o habilidades, o quizás subcontratar el trabajo y la confianza en la entrada de un tercero? ¿Qué enfoque existe para reducir la dependencia? ¿Cómo pueden quitarse permanentemente los cuellos de botella?

2. Takt Time

En una fábrica, el Takt Time representa el pulso del proceso- el paso de la carga de trabajo. Los productos y materiales se mueven entre las estaciones de trabajo con una regularidad determinada por el cliente del proceso.

Las personas a menudo no son diferentes- ajustando su intensidad de trabajo y enfoque dependiendo de las demandas de tiempo y calidad del usuario final. ¿Cómo debería ser el tak time de tu proyecto o flujo de trabajo diario? ¿Qué resultados críticos para la calidad (CT) son demandados por tus clientes finales, y cuándo?

Cada unidad de trabajo (papel, proyecto creativo, llamada telefónica,) debería ser conscientemente evaluada frente al "triángulo de hierro" del costo, calidad y tiempo- quizás con una cuarta dimensión de energía.

3. Desperdicios

Deming dio información nueva acerca de dónde residía la falla- inclusive en un proceso exitoso superficial o finalmente- por medio de su concepto de siete formas de desperdicio. Esto incluía el tiempo de espera, el procesamiento, inventario, sobreproducción, movimiento, transporte y reelaboración.

Las transiciones- entre proyectos, personal y ubicaciones- son una causa frecuente de desperdicio. Aquellos que vienen de un trasfondo de manufactura estarán familiarizados con las técnicas de Shigeo Shingo de Single Minute Exchange of Dies (SMED).

Esto reduce el tiempo de transición en la fabricación de productos a un período de tiempo altamente controlado. Implementado por primera vez en Toyota, ha ayudado a reducir el tiempo de transición entre estaciones de trabajo hasta un 40%.

Una de las demostraciones más impresionantes del cambio rápido a lo largo del tiempo por medio de la aplicación de estas técnicas es una para de pits de Fórmula Uno, dónde las llantas pueden ser cambiadas muy rápidamente.

4.   Gestión de la Carga de Trabajo

Esta es una de las ironías de la vida moderna en la que frecuentemente se le da poco entrenamiento o apoyo formal a los profesionales en los rudimentos de la gestión de correos electrónicos, control de documentos y optimización del flujo de trabajo personal.

A la mayoría simplemente se les confía el trabajo de maximizar su productividad y, para arrancar, se les priva de una oficina moderna típica de virtualmente todo apoyo secretarial o con el flujo de trabajo.

En Resumen, hay un enfoque amplio para la aplicación de los conceptos y técnicas lean en el área de trabajo administrativa moderna.

Adoptar la filosofía básica del flujo, tak time, y la eliminación de desperdicios tiene el potencial de revolucionar la gestión del flujo de trabajo diario en cualquier oficina.

CAPÍTULO 6

SACA LO MEJOR DE LAS HERRAMIENTAS DE LA MANAUFACTURA ESBELTA

Una herramienta básica y fundamental que puede ayudar a cualquier empresa, el enfoque 5S es una técnica organizativa y estructurada para deshacerse del desorden y del desperdicio. La limpieza y tener un lugar fijado para todo es la clave. El nombre se deriva de:

- Ordenar cosas

- Colocar las cosas en un orden particular

- Mantenimiento diario impecable

- Estandarización

- Sostenibilidad

Reduce los costos y el desperdicio al aplicar estas técnicas sencillas a tu empresa. La fabricación de celulares tiene que ver con organizar no sólo el lugar de trabajo sino el trabajo también.

Celdas de trabajo y áreas de trabajo designadas, ciertos espacios para ciertas actividades, minimizar el movimiento de las personas y las cosas, reduciendo los costos por ende. En un sentido operacional, esto significa que no hay agrupación, no hay espera, no hay retrasos, no hay colas, simplemente hay una operación fluida y un flujo sencillo.

La detección integrada de errores protege, reducir los a cero es el centro de este enfoque. Resaltar los problemas cuando ocurren, no dejar que los errores y descuidos pasen es la clave.

Los procesos están diseñados en torno a este principio para ser más eficientes y ayudarán a tu empresa a reducir los costos, desperdicios y desechos.

(SMED o single minute Exchange of dies) ayuda a la rápida transición en procesos empresariales, de manufactura y en operaciones que son esenciales. ¡Recuerda que los asuntos relacionados al tiempo y la calidad significan dinero! El pensar en el proceso es clave aquí.

Deshacerse de pasos, acciones o movimientos innecesarios es clave. Reducir el tiempo de cualquier línea ahorra dinero. Hay más de la manufactura esbelta que sólo estas dos herramientas (NOTA: el término en inglés para la manufactura esbelta es: "Lean Manufacturing").

Simplemente sirven como introducción a algunos de los más grandes facilitadores empresariales que la manufactura esbelta puede llevar a tu empresa u organización. Mejorar la calidad y la velocidad de tasas de entrega es la prioridad de cualquier compañía.

Hacer felices a los clientes y mantenerlos así es de lo que se trata esto. La manufactura esbelta te brinda las herramientas para hacer eso de manera práctica, rápida, fácil y consistente.

Los dos incentivos clave para que tu empresa se capitalice:

Innovación y ventaja competitiva, no puedes cambiar lo que no conoces. La manufactura esbelta crea el interés por "tomar nota" y enterarse de las cosas a tu alrededor (costos, desperdicios, movimientos, desorden, deshechos, etc.) ¡y luego hacer algo significativo y constructivo con ello!

Lo que se debería o podría mejorar es algo importante para hacer, priorizar y actuar. Las prioridades del cliente, cosas que afectan tus ganancias, deberían recibir atención de primero.

Las cosas como la calidad, el plazo y el tiempo de espera, el tiempo del ciclo, el costo, el inventario y otros procesos internos que afectan al cliente y son "internos" y controlables, deberían ser tratados tan pronto como sea posible.

Hacerse el tipo de preguntas correctas podría darte pistas al igual que una estrategia y un punto de inicio:

- ¿Qué procesos o pasos deberían tener el grueso de nuestra atención, dónde está el mayor GANAR-GANAR tanto para el cliente como para la compañía?

- ¿Cuáles son las prioridades a las que les tenemos que prestar atención en esta organización/empresa y operación, mapear los proceso y hacer las listas? Luego pregúntate en qué orden deberías abordar las prioridades.

- ¿Cómo obtenemos las MEJORES mejoras de manera más rápida? ¿Cómo podemos aprovechar los beneficios de la manufactura esbelta inmediatamente?

Si reducimos los gastos generales, los costos de calidad e inventario para ganar dinero, reducimos el peso y somos un proveedor simplificado y rentable que opera eficientemente son las claves para que tu empresa tenga éxito, la manufactura esbelta puede ayudar a tu empresa en todos los aspectos y áreas.

Llevar la teoría de la manufactura esbelta a la implementación práctica requerirá planificación, paciencia y persistencia. Determinación, orientación detallada y disciplina.

A menudo nos referimos a estas como las TRES Ps y las TRES Ds para hacerlas fáciles de recordar. El esfuerzo enfocado, planeado y gradual es de lo que todo esto se trata. Las instrucciones y acciones paso por paso para obtener mejoras a lo largo del tiempo que puedan ser sostenidas, sean estables y predecibles son esenciales.

Si alguno de los siguientes escenarios es importante para tu empresa, la manufactura esbelta puede ayudarte a alcanzar objetivos y metas que fijaste para ti, tu equipo y tu empresa en esta área:

- Incrementar el margen de operación y ganancias
- Reducir el plazo de fabricación, espera y tiempos de ciclo
- Disminuir el inventario del TEP o trabajo en progreso (Producto medio completo), ¡el tiempo y el espacio cuestan dinero!
- Reducir los costos
- Reducir los gastos generales de fabricación y los costos de calidad
- Incrementar el margen de ganancias netas
- Darle a los clientes lo que quieren, cuando lo quieran, en cualquier momento, en todo momento y todo el tiempo, rápida y correctamente, asequible y a petición.

- Lograr una calidad consistente y una tasa baja de defectos (desechos/desperdicios)

Saca lo mejor del valor de tu accionista y nada puede ir mal. Logra altos niveles de tasas de mejora y satisfacción del cliente, calidad de productos, bajos costos, hazlo rápidamente y permanece competitivo y rentable.

Mantén tus procesos bajo control y mejóralos todo el tiempo, colócate y posiciónate sobre las masas y la mediocridad.

Ayuda a definir y ejecutar tu ventaja competitiva con una utilización gradual, apoyado y bien pensado a lo largo de la manufactura esbelta en tu empresa, ¡y estás preparado para los frutos, el éxito y los resultados esperados!

Teniendo un impacto medible bastante real y resultando en mejoras dramáticas de tu empresa, escuchar las quejas de tus clientes puede darte pistas de dónde pueden estar los problemas. ¡No dudes en preguntarles! Te lo dirán.

Es una oportunidad y canal maravilloso para hacerle saber a tus clientes que lo que quieren, dicen y necesitan realmente importa. Si brindas este nivel de empresa reactiva personalizada, tendrás éxito, no sólo ahora, sino también en el futuro.

Los procesos lentos e ineficientes, bienes terminados esperando o aguardando que las cosas sucedan todas cuestan dinero. Encontrar maneras de recortar estos es el reto y la oportunidad que la manufactura esbelta trae a tu empresa.

A menudo a esto se le llama la conocida "fábrica escondida" o el costo oculto de " hacer negocios".

Una vez que introduces un número y estás consciente de ello, te beneficiarás de las maneras de reducirlo o eliminarlo, sumar a tus finanzas y reducir el costo y el desperdicio. Ese es el corazón y el propósito de la manufactura esbelta.

¡Deshacerse de las cosas (inclusive los pasos de procesos internos, el tiempo y el inventario) que no añaden valor a tus clientes es una prioridad principal también! Los costos de productos o servicios de baja calidad, y el desperdicio se acumulan con el tiempo y podrían causarte la pérdida de lealtad y la repetición potencial o nuevos negocios.

¡Abordar realmente lo problemas con estos aspectos puede ahorrarte dinero, tiempo: asegurar la calidad y retención del cliente, la satisfacción y más negocios!

Los clientes quieren hacer más negocios con un proveedor que sea confiable, rápido y asequible, estable y predecible. Fijas ciertos objetivos en ciertas áreas de tu empresa y trabajas diligentemente para cumplirlos, los resultados serán evidentes rápidamente y estos cambios se añadirán y serán sostenibles a lo largo del tiempo, que es lo que realmente buscas.

Pregúntate a ti mismo cuanto te toma llevar el producto y servicio de la puerta a la mano del cliente.

Segundos, minutos, horas, días, semanas. Hacerse esa pregunta es importante para crear consciencia. ¡Colocarle un número lo hace visible, medible y te permite hacer algo por ello! ¡Reduciéndolo a la mitad por ejemplo! ¡Cualquier y todo proceso son juego limpio! Sin excepciones. No sólo tienen que ser procesos de manufactura.

Otros ejemplos podrían incluir fácilmente el desarrollo de producto, otras entradas, diseño, servicio al cliente, RH y procesos financieros también.

Al tomar este enfoque general y holístico para mejorar tu empresa en todas las áreas y aspectos significa que en efecto estás añadiendo valor a tu empresa, aumentando tus ganancias y finanzas, ¡mientras la optimizas y la transformas en un socio y proveedor predecible, barato y rápido de elección! Tomar un enfoque analítico a la empresa en este sentido abre tus ojos a nuevos canales y maneras de crecer y expandirte, de fortalecer y posicionar tu empresa para éxitos y resultados.

Haz las siguientes preguntas para averiguar si la manufactura esbelta está bien y tiene potencial para ti y para tu empresa:

- ¿Dónde está el verdadero "tiempo" en el gasto de tu negocio? ¿Cuánto de este añade valor a tus clientes? ¿Vale la pena? ¿Dónde podemos hacer algunos cambios?

- ¿Hay algún beneficio de que nuestra empresa intente establecer una ventaja competitiva llevando los bienes y servicios más rápido a los clientes?

- ¿Qué tipo de retorno podemos esperar de estos esfuerzos de manufactura esbelta? ¿Cuáles son las ganancias financieras y potenciales aquí?

- Si disminuimos los gastos de operación, los costos de fabricación, gastos generales, inventario, plazos, tiempos de espera y de ciclos, ¿cómo afectaría a las finanzas? ¿Cuál sería el impacto financiero semanal, mensual, cuatrimestral, anual? De nuevo estos parámetros te ayudarán a medir tu progreso, crear consciencia y, ¡darte nueva información de lo que tu negocio está haciendo bien y dónde podrían o estarían las áreas para mejorar!

- Si reducimos nuestros bienes en espera (TEP) y el inventario de bienes terminados, ¿cuál será la media en dólares y centavos para nuestra empresa? ¿Qué seríamos capaces de hacer con el efectivo a la mano (inversión, reducción de deudas, nueva maquinaria, mercadeo, etc)? ¿Cómo pueden estos dólares y cambios lograr el MEJOR beneficio y hacer crecer la empresa?

En cualquier uso de la manufactura esbelta y gestión de cambio, iniciativa de mejora en tu organización o empresa, hay aspectos propicios a los que prestar atención.

Algunos de los beneficios económicos o parámetros para buscar ayuda para tu respuesta a cualquiera de las anteriores son:

- Margen Operativo
- RDCI (retorno del capital de inversión?
- Movimiento del Capital
- TEP
- Tasas y proporciones de entrega a tiempo
- Costo de la calidad baja
- Calidad del desempeño, datos de la satisfacción del cliente

Si tienes tus ojos puestos en la cima de tu industria, a expandir tus mercados y horizontes e incrementar tu mercado de acciones, esta es la manera de hacerlo rápidamente y de manera confiable con ganancias sostenibles.

Hay una simple regla del pulgar aquí, central a toda la manufactura esbelta también- cualquier mejora hecha dentro de tu empresa debería beneficiar al cliente y añadir valor.

La manufactura esbelta tiene éxito en hacer que los problemas te tiempo, calidad y costos dentro y entre procesos, de principio a fin, pasos, etc, sean visibles y tangibles. Da ojos y oídos a estos procesos, resultados y te permite hacer algo significativo para intervenir y mejorar las cosas, ¡para el beneficio de la compañía y del cliente!

Brinda propósito, dirección, referencia y medios prácticos para obtener tus resultados y efectuar cambios para bien.

Procesos de operación impecable, menos burocráticos, "leans", optimizados y efectivos hacen a una empresa exitosa. Esta metodología y pensamiento empresarial general te ayudarán a rehacer, energizar y moldear tu empresa mejor.

Ahora eres proactivo y tienes las manos en tu operación, sin dejar el éxito a una probabilidad aleatoria, sino más bien planificando y ejecutando para ello.

Agilidad, adaptabilidad, bajo costo y reactividad son todas las cualidades que una empresa debería tener y necesita desesperadamente un costo de manufactura esbelta como prerrequisitos y requerimientos de entrada para hacer negocios en la nueva economía.

Una de las más grandes contribuciones que la manufactura esbelta puede hacer para tu empresa es lo que llamaremos "propósito compartido, recuerda la regla dorada de la lean: ¡los procesos lentos son caros! La manufactura esbelta te ayuda a acelerar las cosas, sin tener que sacrificar la calidad, la dirección y las metas". Esta orientación individual y mutua y el "esfuerzo coordinado", dan una dirección a todo, fomenta el compromiso y la camaradería.

Fortalece y crea la organización, relaciona a los líderes con los empleados de ventas y compromete a todos en todos los niveles para lograr consistentemente un mejor desempeño. Es un principio unificador y motivacional que sustentará y creará tus esfuerzos, llevándote los resultados más rápido y manteniéndolos a lo largo del tiempo.

Haciendo que el éxito se pegue, por así decirlo. Entonces, pregúntate primero y antes que todo cómo piensas que la manufactura esbelta puede ayudarte en tu empresa, considera tus opciones, pros y contras o hacerlo o no hacerlo y luego toma tu decisión.

Capacita y fortalece a tu empresa al usar las herramientas de manufactura esbelta para realizar mejoras, reducción de costos e impleméntala en los niveles y aspectos de tu empresa que más importen y cosecha las mayores recompensas rápidamente.

Otros aspectos a considerar para la utilización de la manufactura esbelta en tu empresa son los siguientes:

Liderazgo- liderar desde arriba es la clave.

• El portador de la bandera y campeón principal de este proceso e iniciativa de manufactura esbelta empieza con el líder de la empresa (CEO/Presidente) y la directiva. La aceptación y el apoyo pueden hacer o realizar los esfuerzos de la manufactura esbelta.

• El personal, el compromiso, el compromiso práctico, la participación, la práctica e inclusive la recompensa por la participación completa en estas iniciativas, siendo los impulsores del desempeño es crítico para el éxito de la manufactura esbelta.

- Inspira y Moviliza a otros.

- La cultura e infraestructura empresarial, el apoyo y defensa de los esfuerzos de la manufactura esbelta contribuyen su impulso y éxito en toda la organización.

¡Incluye a todos y haz que participen! La manufactura esbelta te brinda la oportunidad de aprovechar y aumentar los talentos de la fuerza de trabajo completa y colectiva, no simplemente de un puñado de individuos de algunos empleados.

¡Haz que todos cuenten y contribuyan! Si los resultados duraderos y el desempeño máximo sostenido te importan a ti y a tu empresa, ¡aquí están los medios para ese fin en el kit de herramientas de la manufactura esbelta! Las métricas y metas hacen que las cosas sean más fáciles de lograr y prácticas para actuar sobre ellas, efectuarlas, cambiarlas, e impactarlas, remodelarlas, etc.

¡HAZ QUE CADA ASPECTO DE TU EMPRESA CUENTE!

Infraestructura, soporte, y la utilización comparten el compromiso, la disciplina y la persistencia para llevarte a dónde tienes que estar. ¡Empieza con todos, no con algunos! ¡Mantén a tus clientes al tanto en cada paso, proceso y arista de lo que estés haciendo, planificando, mejorando, conoce lo que valen, por qué y cómo llevárselos rápida, efectiva y consistentemente y asequible, en cualquier momento en todo momento!

CAMBIA TU ENFOQUE

El valor accionista y el impacto monetario son buenas pautas de prioridades y actividad dentro de la manufactura esbelta.

¡Las mejoras pueden o deberían ser medibles y realmente seguidas! Involucra a todos en el proceso, asigna roles y responsabilidades y explota todo el potencial que todos tienen para poner en la mesa. Recursos comprometidos, tiempo y entrenamiento (la inversión inicial) pagarán rápidamente. Moviliza tu fuerza de trabajo y capacítalos, empodéralos y energízalos.

- Visión- Hacer que trate totalmente sobre nuestros clientes es otro concepto clave.

Son tus corrientes de ingresos lo que mantiene a las ruedas de tu empresa moviéndose. Por una vez, ¡Hazlas valer! La calidad, el tiempo, lo que quieran, cuando lo quieran puede hacer te fallar o tener éxito. Reducir la variabilidad es esencial. Sé consistente predecible y confiable como proveedor y/o distribuidor, socio empresarial y haz de lo que quieren una prioridad. Ninca te enfocas meramente en reducir defectos, también conoce porqué lo haces y cómo esto añade valor a tu(s) cliente(s). Todo el mundo tiene que entender este compromiso mutuo, su valor y potencial y el rol, contribución y reconocimiento de sus esfuerzos y aportes.

• Recursos y proyectos correctos. Tener recursos dedicados trabajando incansable y exclusivamente en los procesos y obra de manufactura esbelta, mejoras y proyectos, tendrá los resultados y efectos deseados. Para una mejora significativa del desempeño, necesitas a la gente correcta y los proyectos correctos, trabajando en las cosas correctas de valor añadido dentro de tu empresa. El TRABAJO deliberadamente dirigido y enfocado es esencial para los resultados y el éxito.

- Trabajo en equipo- se trata del rol y las responsabilidades de todos. Todo importa. Los líderes, los de ventas, administrativos, todo el personal puede contribuir y hacer una diferencia.

Los líderes a menudo montan el cargo y hacen que todo se mueva, brindando apoyo y aliento a lo largo del camino. La dirección y los resultados importan aquí. Patrocinadores de tiempo completo, los líderes campeones y de procesos alientan la responsabilidad y obtienen resultados rápidamente.

Podría requerirse de liderazgo para resolver problemas, entrenamiento y dirección para los trabajos básicos, para la recolección y análisis de datos y el apoyo. La inversión en tiempo y recursos vale la pena el esfuerzo y el costo.

Te darán recompensas que sólo puedes imaginar cuando empiezas. ¡Sobrepasarán tus expectativas en tan poco tiempo como 1 año! Empezarás a ver resultados inclusive más rápido que eso.

- Procesos y Herramientas- Las herramientas y la cultura van de la mano. Necesitas de ambas.

Así que simplemente meterse y enfocarse en implementar algunas herramientas clave de manufactura esbelta podría no ser la manera más apropiada y/o efectiva de desencadenar el poder de la lean en tu organización. Colocar el apoyo y la infraestructura en un lugar destacado, planificar el éxito, recursos, etc, puede ahorrarte mucho tiempo, dinero y dolores de cabeza a lo largo de la línea, ¡cuando realmente se trata de hacer el trabajo y hacer las mejoras!

Poner en acción las ideas de la manufactura esbelta requiere de tiempo, disciplina y planificación: La planificación para el éxito en cualquier uso de la manufactura esbelta es esencial. Se le debe prestar de cerca atención a tener métricas para medir ciertas cosas (¡las correctas también!). La infraestructura y el soporte puestos en su lugar y todo el mundo preparado y entrenado en lo que es el paradigma de la manufactura esbelta, lo que son las herramientas a usar y cómo usar las herramientas exactamente tiene que considerarse también como parte de tu plan de acción general si eliges la manufactura esbelta para tu empresa.

¡Hacer que se vuelva la manera en que haces negocios no se trata sólo de proyectos! Se trata de mucho más que eso. Va mucho más allá de eso. Es y se volverá la manera en que haces negocios.

Todo lo que realicemos en nuestra empresa tiene que empezar con los clientes, quiénes son, lo que quieren y cómo podemos llevárselo de manera rápida, correcta, en estado de funcionamiento, lo que pidieron exactamente y según su especificación, por encargo, a un precio accesible y con garantía.

¿Es mucho pedir? Bueno, las investigaciones demuestran que los clientes capacitados e informados conocen y obtienen lo que quieren, así que para que nuestra empresa siga siendo viable, rentable y prospere, tenemos que hacer que nuestra empresa entregue todo lo anterior de manera barata y óptima.

Un buen plan de acción, la cultura correcta y voila, ¡estás listo para empezar a desplegar tu manufactura esbelta, usar su poder y sacarle beneficio para tu empresa, tus ganancias y clientes!

Ahora que hemos determinado que la Manufactura Esbelta realmente puede ayudarte a eliminar el desperdicio, el tiempo, el esfuerzo y el material, está enfocada en el cliente y en la entrega a tiempo de lo que quieren, reduciendo los costos mientras que mejora la calidad, podemos pasar a revisar otras áreas de la empresa dónde la manufactura esbelta puede ayudarte a ti y a tus clientes.

Áreas en las que la manufactura esbelta puede ayudar: Sacar lo mejor de la calidad y el tiempo y acelerar los proceso realmente importa.

Marca la diferencia. Los tiempos de espera y tiempo de ciclo desde el inicio hasta el final tienen impacto en el éxito de tu empresa. La manufactura esbelta no sólo es para los procesos de manufactura. Es para todos los procesos. Saber dónde enfocar tus esfuerzos también es importante.

La regla 80/20 de la manufactura esbelta es una herramienta útil para ayudarte a priorizar y encarte en lo que tiene que hacerse en el momento. 80% de los problemas/potencial está en el 20% del proceso, área o dinámica. ¡Depende de nosotros encontrarlo y hacer algo al respecto! TANTO los procesos de manufactura como los procesos transaccionales pueden beneficiarse aquí. La manufactura esbelta puede aplicar a cualquier proceso.

- Aceleración de la cadena de Suministros y de la gestión

- Logística

- Manufactura

- Procesos de Diseño

- Procesos Transaccionales

- Otros

Hasta ahora hemos descubierto que la manufactura esbelta es un filosofía de gestión empresarial y un paradigma que pide un cambio en el modo en que pensamos y hacemos los negocios.

Claramente se deriva de una historia orgullosa y se basa en la mejora de la calidad (o más específicamente de los fabricantes de autos Japoneses, antes de que llegara a Europa y Occidente).

Las iniciativas de TM o total quality management y el Sistema de Producción inicial de Toyota dio un enfoque más claro sobre la calidad, el tiempo, los costos y el desperdicio. Deshacerse de las principales fuentes de desperdicio en una empresa implica prestar atención a cosas como:

- La producción excesiva

- Los tiempos de espera, los plazos o tiempos de ciclo (desde el inicio hasta el final)

- Transporte

- Procesamiento

- Inventario

- Movimiento

- Desechos

Hay algunas herramientas geniales entre los instrumentos de la manufactura esbelta de los cuales mencionamos cuatro inicialmente.

La lógica tras la premisa y el argumento de la manufactura esbelta claramente afirma que al reducir el desperdicio mejoras la calidad. Ya que el tiempo de producción disminuye, los cotos disminuyen.

¿Por qué la manufactura esbelta es tan prevalente en las economías actuales?

Para seguir siendo una empresa competitiva, ágil, de bajo costo y optimizada, deshacerse del desperdicio y ser sostenible es clave para la supervivencia y el progreso en esta nueva economía.

CAPÍTULO 7

IMPLEMENTAR LEAN ANALYTICS DE FORMA EFECTIVA EN TU ORGANIZACIÓN

Muchas compañías planean implementar o han implementado Lean en la última década. Muchas han obtenido resultados cuantificables, los cuales han ayudado a transformar su empresa. Además, sin embargo, han tenido triunfos rápidos o aprovechado los frutos bajos y luego han a sus esfuerzos estancarse.

No han visto los beneficios reportados por compañías como GE, Motorola y Honeywell, etc. A lo largo de los años hemos estado involucrados bien sea como responsables de la implementación o como consultores y entrenadores en programas de Lean, Six Sigma y Lean Six Sigma.

Como resultado, hemos observado y recogidos datos acerca de por qué algunas compañías tienen programas y proyectos exitosos mientras que otras rápidamente fracasan y se estancan. Este capítulo da un breve resumen de cómo puede tener éxito tu compañía al implementar un Lean Analytics efectivo.

¿POR QUÉ FRACASA LEAN?

Las razones claves para la falla son:-

- Falta de compromiso o entendimiento de parte de los gerentes o directivos

- Falta de una visión clara del programa

- Políticas- mi programa es más importante que el tuyo

- Poco entendimiento del propósito del programa-burning platform

- Falta de compromiso de parte de la comunidad financiera

- Incapacidad de guardar ahorros de los proyectos para demostrar el éxito

- Medidas de desempeño no alineadas- Me concentraré en lo que estoy midiendo, no en lo que es importante para el programa.

- Utilización a medias- permitiendo que algunas personas trabajen en el enfoque acordado

- Selección errónea de los Cinturones Negros o Campeones

- Selección de los proyectos erróneos

- Pérdida de los Cinturones Negros de la compañía

- Falta de entrenamiento de los Cinturones Negros para la gestión efectiva del cambio

- Falta de orientación de los Cinturones Negros y Cinturones Verdes

- Tiempo escaso para que los Cinturones Negros y Cinturones Verdes realicen procesos

- Falta de stage gate reviews (o revisiones de etapa) para asegurarse de que los proyectos vayan por el camino correcto

- Proyectos pobremente definidos

- Trabajar en muchos proyectos a la vez- menos es más

- Falta de comunicación acerca del programa y de las metas o de la burning platform.

- Falta de coordinación e integración efectiva del programa

- Elitismo de parte de los Cinturones Negros y otros

El secreto para la utilización 100% efectiva de Lean

1. Compromiso y entendimiento de parte de la directiva de la compañía

2. Tener una burning platform y una visión clara del futuro

3. Preparar a la organización para la utilización

4. Comunicación del programa

5. Entrenar a los Agentes de Cambio no sólo en las habilidades técnicas sino también en las habilidades sociales para hacerlos Agentes de Cambio 100%.

Si tuviésemos que elegir el área en la que la mayoría de las personas fracasan, sin embargo, es el último de los 5 factores críticos para el éxito resaltados anteriormente. La razón es sencilla, cualquier proyecto exitoso necesita de 2 factores clave para tener éxito; la solución y la aceptación de esa solución.

¿POR QUÉ DEBES USAR AGENTES DE CAMBIO EFECTIVOS PARA SER EXITOSO?

En nuestra opinión, todos los programas y proyectos deben efectuar cambios en tu empresa y como resultado, necesitan de los Agentes de Cambio para desarrollarlos e implementarlos finalmente en tu organización.

Por lo tanto, las habilidades más importantes que necesitas en tus Cinturones Negros o Cinturones Verdes es la habilidad de ser Agentes de Cambio altamente efectivos.

Los atributos y habilidades necesarios para ser un Agente de Cambio efectivo y necesarios por lo tanto para los

Cinturones Negros, Cinturones Negros Maestros y Cinturones Verdes son:

ATRIBUTOS

- Energía y Entusiasmo
- Determinación
- Creatividad/habilidad para retar a la norma
- Crear compenetración/Forjar relaciones
- Networking
- Capacidad para trabajar con personas y hacer que te ayuden
- Proactividad
- Disciplina
- Capacidad para ver las cosas antes de su compleción
- Capacidad para trabajar en todos los niveles de la organización y cuestionarlos

HABILIDADES

- Presentación
- Facilitación
- Gestión de Conflictos
- Analítico
- Ventas
- Motivación
- Guía y orientación
- Gestión de Tiempo y Proyectos
- Creación de Equipos y trabajo en equipo
- Escuchar y cuestionar
- Entender el cambio y cómo implementarlo
- Negociación

LAS HERRAMIENTAS TÉCNICAS DE LEAN

Cuando revises por primera vez esta lista de habilidades y atributos pensarás que nadie las tiene todas, y probablemente estás en lo correcto. El secreto, por lo tanto, es asegurarse de que tu equipo pueda cumplir con todo lo anterior.

Sin embargo, cuantas más habilidades tengan tus Cinturones Negros Maestros, tus Cinturones Negros y Cinturones Verdes, mayores serán sus probabilidades de éxito.

Si eliges personas que tengan las habilidades básicas requeridas para ser Agentes de Cambio exitosos, tendrás una buena oportunidad.

Cuando decimos habilidades básicas nos referimos a que deben tener la habilidad o capacidad de:-

- Mejorar un grupo
- Presentarse en todos los niveles de la organización
- Ser capaces de vender una idea
- Ser capaces de trabajar con personas

- Sacar lo mejor del equipo

Si tienes a una persona como esta que puedas entrenar, orientar y transformar en tu Agente de Cambio efectivo estarás bien. Si escoges a una persona porque él o ella tiene algo de tiempo libre, o porque tiene años en un cargo, podrías estar en problemas.

En algunas organizaciones se les adiestra en habilidades sociales durante una semana adicional de su entrenamiento para ayudarlos a lograr el éxito. Si bien esto ayudará, no es un sustituto para hacer de las herramientas sociales un punto clave en el entrenamiento y desarrollo.

Piensa en tus Cinturones Negros, ¿Cuántas de estas habilidades poseen? Rápidamente descubrirás, al igual que nosotros, que los que son exitosos tienen más de estas habilidades que aquellos que no.

La solución es muy sencilla por lo tanto; primero elige a tus Cinturones Negros,etc, con mucha seriedad y luego asegúrate de darles entrenamiento y de enseñarles las siguientes:-

- Facilitación
- Presentación

- Lidiar con los conflictos

- Guía y Orientación

- Crear Vínculos

- Crear un Equipo y Trabajar en equipo

- Gestión del Tiempo

- Curiosidad/escucha y comunicaciones

- Gestión de Cambios

- Asertividad

- Motivación

Si haces esto y trabajas en los otros 4 factores de éxito, entonces le asegurarás el éxito a tu organización.

CAPÍTULO 8

LA RAZÓN POR LA QUE EL SECTOR PÚBLICO DEBERÍA INVERTIR EN EL ENTRENAMIENTO DE LEAN

Cuando usamos Lean para empresas y organizaciones del sector público, escrutas las actividades de las empresas, definiendo lo que "añade valor" al cliente (o público) y eliminando lo que no.

La metodología Lean identifica los defectos dentro del proceso o de la jerarquía y luego usa varias estrategias para combatir estos problemas, usando la estadística y la analítica para probar, identificar y brindar soluciones basadas en la evidencia.

Por ende, el valor añadido y los procesos requeridos tienen que correr consistentemente para hacer que la empresa u organización sea confiable y rentable.

A pesar de que Lean ha sido comúnmente usada en el ámbito de la manufactura, cuando se trata del sector público también puede tener una influencia masiva debido a que este tipo de estrategia de gestión es ideal para identificar defectos en cualquier organización, institución o empresa y para desarrollar métodos no sólo para solucionar estos defectos, sino también para hacer las cosas de otra manera, incrementando por lo tanto la eficiencia de la organización del sector público.

A pesar de que el término y la metodología de Lean se han establecido desde hace bastante en la manufactura, pueden usarse en cualquier ambiente debido a que la meta principal de toda esta teoría es reducir el tiempo que se gasta en actividades que no necesita o requiere el cliente final y por las que éste no desea pagar. El tiempo y el esfuerzo ahorrados pueden invertirse en hacer la actividad valiosa de una manera más consistente y productiva.

HERRAMIENTAS DE LA MANUFACTURA ESBELTA

La herramientas de la manufactura esbelta se usan en una organización para lograr el objetivo de la eliminación y reducción de desperdicios en el sistema. A continuación se presentan algunas de las herramientas y técnicas que son efectivas para eliminar desperdicios y son usadas por las organizaciones a nivel mundial.

1.   Despliegue de la Función Calidad

El despliegue de la función calidad o QFD es una herramienta lean esencial que se usa para identificar el producto final que los clientes necesitan.

Estas herramientas luego rastrean estos resultados finales hasta las entradas iniciales que luego son controladas por la organización. Esto incluye usualmente las características del proceso de manufactura y el diseño del producto.

2.   Análisis Modal de Fallos y Efectos

También conocida como AMFE (oFMEA en inglés), esta herramienta es una técnica analítica que lista las causas y fuentes potenciales de fallas, designa valores a las frecuencias esperadas, las probabilidades de que la falla sea detectada y el grado de las consecuencias.

3.   Poka yoke

Esta es una de las herramientas más baratas. Esta herramienta hace uso de dispositivos sencillos para evitar la producción de piezas defectuosas. Generalmente hay tres tipos disponibles los cuales son: el tipo contacto, el tipo secuencia de desempeño, y el tipo número constante.

4. Control Estadístico de Procesos

Esta es una herramienta de control de calidad extremadamente importante y efectiva en el ámbito de la manufactura esbelta. Esta herramienta requiere de la medición periódica de las variables que son resultado de la salida del sistema y disminuye los costos administrativos.

Puesto que es preventiva, también reduce las prestaciones defectuosas. EL Control Estadístico de Procesos es un elemento central dentro de la caja de herramientas de six-sigma, la cual establece el límite de la variabilidad estadística para el parámetro de salida del sistema en las condiciones de un estado estacionario.

CAPÍTULO 9

LECCIONES PARA MEJORAR TU PROBABILIDAD DE ÉXITO CON LEAN

¿Por qué es que menos del 20% de las compañías que se embarcan en el viaje de lean tienen éxito y se puede decir que verdaderamente son "Pensadores Lean" cinco años después? La razón es sencilla.

Un gran inicio no hace un gran final. Para terminar bien, una compañía tiene que transformar su cultura. Maximizarás tus probabilidades de terminar bien si le prestas atención a estas lecciones.

1. Gestión Motivada

No es suficiente que la directiva apoye la iniciativa lean; tienen que exigir el éxito y demostrar que tolerarán un desempeño mediocre.

Esta motivación debe venir desde arriba porque en la mayoría de los casos la directiva de nivel medio no tiene la influencia suficiente para cambiar la cultura.

NOTA: sin la exigencia por parte de la directiva, los esfuerzos lean fracasarán.

2. Guía Experta

La mayoría de los conceptos lean no son difíciles de entender. Podemos entender fácilmente que el desperdicio es el enemigo que tenemos que buscar y destruir. Inclusive las herramientas más avanzadas como el Mapeo del Flujo de Valor, los sistemas de reposición y los sistemas de nivelación de carga y los análisis de procesos pueden ser enseñadas y comprendidas rápidamente por la mayoría de los socios y directivos. Las barreras para lean son culturales, no intelectuales o técnicas.

NOTA: Encuentra a alguien que haya usado lean antes.

3. Lean a tiempo completo

Mientras que los conceptos de lean no son complejos, el trabajo no es sencillo. Puede necesitarse de bastante tiempo para preparar un taller de Lean. Desarrollar los horarios, la planificación del entrenamiento, procurar los recursos y materiales, todo esto requiere de tiempo.

Encuentra a alguien dentro de tu organización para que realice las conferencias de lean o las sesiones de entrenamiento.

Si no hay nadie que pueda ser entrenado, entonces contrata a alguien que ya tenga la experiencia. Debe haber alguien libre de responsabilidades que haga que la organización se enfoque en lean.

Las probabilidades de éxito se ven amenazadas cuando el director de lean empieza a funcionar también como el coordinador de seguridad, el especialista de ambiente, o el director de ingeniería de manufactura.

Las responsabilidades directas de estas posiciones tendrán preferencia sobre las iniciativas lean, y los talleres lean cesarán, o dejarán de ser efectivos al menos.

Es mejor compartir un coordinador de lean con instituciones hermanas que dividir los deberes del director de lean.

NOTA: Forma un equipo de implementación de lean para transmitir la cultura lean y verás inmediatamente los resultados y las mejoras a largo plazo.

4. Entrenamiento en el momento justo

El entrenamiento para lean no tiene que ser una carga. Es cierto que hay conceptos nuevos que tienen que enseñarse y nuevas herramientas que tienen que ser adoptadas por las sociedades. Pero las disciplinas de la manufactura esbelta son más culturales que técnicas, entonces, el entrenamiento tiene que realizarse en jornadas cortas seguidas inmediatamente por un taller.

No enseñes sobre 5S en un salón de clases; muéstrales a los operadores cómo ejecutar el 5S en la celda de trabajo. Responde las preguntas de inmediato si las tienen. El evento se vuelve el entrenamiento, el medio de aprendizaje.

Cuando sea el momento de hacer un evento de kaizen en papel, explica los fundamentos y luego realiza el evento. El principio es el mismo- enseña haciendo, aprende practicando.

El adiestramiento inicial en los principios lean puede ser fácilmente suministrado en menos de cuatro horas. El entrenamiento en herramientas y técnicas específicas puede realizarse en sesiones cortas de 30 minutos o 1 hora.

Entrenar de este modo minimizará la inversión e incrementará la probabilidad de éxito. Es difícil olvidar algo que aprendiste hace 15 minutos- es difícil practicar algo que aprendiste hace dos meses y no lo has usado desde entonces.

Este entrenamiento en el momento justo no reemplaza la necesidad de concientizar a la organización entera sobre el esfuerzo lean.

Informar a todos acerca de los esfuerzos futuros y las razones por las que se está adoptando lean es crucial para el éxito.

5. Pasa la toma de decisiones al piso de producción

El cambio que se ha visto hoy en día en los cargos de la directiva de la mayoría de las compañías medianas es extraordinario. Las líneas de producción están llenas de trabajadores experimentados con años o incluso décadas de experiencia trabajando en tu cultura y en los productos que vendes.

De hecho, luego de hablar con estos trabajadores de producción, es normal descubrir que tienen un entendimiento más profundo y amplio de los problemas que la directiva. Desestimar a estos expertos al dejarlos fuera del proceso de decisión es contraproducente.

Sin embargo, son propensos a ser desilusionados debido a un gestión caótica. Se frustran y cansan debido a que la directiva trae nuevos cambios y exigencias.

Saben que si esperan por los directivos, cualquier "arreglo" que hagan hoy será revertido mañana.

Esta desconfianza debe ser abordada durante la utilización de lean. Un gerente debe tomarse el tiempo para escuchar y discutir verdaderamente los problemas con los empleados.

Sólo entonces se lograrán avances, se creará confianza y se formarán relaciones. Sí, aún habrá conflictos y ocasiones en las que empleados individuales encontrarán difícil o imposible aceptar los cambios que vienen por la utilización de lean. Pero los cambios serán más leves y sostenibles.

No exijas perfección. Recuerda que lean es la búsqueda de la perfección, no de lograrla. Incluso cuando "sepas" la manera correcta de cambiar un proceso o de implementar un nuevo sistema, permite que aquellos que tienen la experiencia "corrijan" tus soluciones- quien sabe, podrían hacer que funcione.

CONCLUSIÓN

A pesar de que un gran inicio no hace que haya un gran final, tienes que empezar para terminar. Ve al piso de producción y mira lo rápido que algo puede mejorarse.

Recuerda que las disciplinas lean no son una carga extra para la producción, la manufactura o la ingeniería, son herramientas para ayudarles a lograr las metas.

www.ingramcontent.com/pod-product-compliance
Lightning Source LLC
Chambersburg PA
CBHW052335220526
45472CB00001B/430